COMPAGNIE DU CHEMIN DE FER D'ORLÉANS

LOI

PORTANT APPROBATION DE LA CONVENTION

PASSÉE LE 28 JUIN 1883

ENTRE LE MINISTRE DES TRAVAUX PUBLICS

ET LA COMPAGNIE DES CHEMINS DE FER DE PARIS A ORLÉANS

SUIVIE

DE LA CONVENTION

LOI

Portant approbation de la Convention provisoire passée, le 28 juin 1883, entre le Ministre des Travaux publics et la Compagnie des Chemins de fer de Paris à Orléans.

Le Sénat et la Chambre des députés ont adopté,

Le Président de la République promulgue la loi dont la teneur suit :

ARTICLE PREMIER. — Est approuvée la Convention provisoire passée, le 28 juin 1883, entre le Ministre des Travaux publics et la Compagnie du Chemin de fer de Paris à Orléans.

ART. 2. — La ligne d'intérêt local de Château-du-Loir à Saint-Calais est incorporée au Réseau d'intérêt général.

ART. 3. — Le montant des travaux complémentaires que le Ministre des Travaux publics pourra autoriser sera fixé, chaque année, par un article de la loi de finances.

Tout nouveau traité engageant le concours financier de la Compagnie d'Orléans, dans la construction et l'exploitation des lignes ferrées, ne pourra être exécuté qu'après avoir été approuvé par une loi.

ART. 4. — L'enregistrement de ladite Convention ne donnera lieu qu'à la perception du droit fixe de trois francs (3 fr.).

La présente loi, délibérée et adoptée par le Sénat et par la Chambre des députés, sera exécutée comme loi de l'État.

Fait à Paris, le 20 novembre 1883.

JULES GRÉVY.

Par le Président de la République :

Le Ministre des .Travaux publics,

D. RAYNAL.

ANNEXE A LA LOI

PORTANT

Approbation de la Convention provisoire passée, le 28 juin 1883, entre le Ministre des Travaux publics et la Compagnie des Chemins de fer de Paris à Orléans.

CONVENTION

ENTRE

Le Ministre des Travaux publics et la Compagnie d'Orléans.

L'an mil huit cent quatre-vingt-trois et le vingt-huit juin;

Entre M. le Ministre des Travaux publics agissant au nom de l'État, et sous réserve de l'approbation des présentes par une loi,

D'une part ;

Et la Société anonyme établie à Paris, sous la dénomination de : Chemin de fer de Paris à Orléans, ladite Compagnie représentée par M. Andral, président du Conseil d'administration, élisant domicile au siège de ladite Société, à Paris, et agissant en vertu des pouvoirs qui lui ont été conférés par délibération du Conseil d'administration, en date du 22 juin 1883, et sous la réserve de l'approbation des présentes par l'Assemblée générale des actionnaires, dans le délai de trois mois au plus tard, à dater de l'approbation des présentes par une loi,

D'autre part ;

Il a été convenu ce qui suit :

ARTICLE PREMIER. — Le Ministre des Travaux publics, au nom de l'État, reprend à la Compagnie d'Orléans les lignes ci-après :

Nantes à la Roche-sur-Yon ;
Niort à la Possonnière ;
Saint-Benoist à la Rochelle et à Rochefort ;
Château-du-Loir à Saint-Calais.

La Compagnie livrera ces lignes dans le délai de trois mois, après l'approbation de la présente Convention par une loi. Elles seront remises par la Compagnie dans l'état où elles se trouvent, avec les immeubles, mobilier et outillage qui en dépendent, mais sans matériel roulant, ni approvisionnements.

L'État pourra requérir la cession des matières et objets de consommation approvisionnés pour le service des lignes reprises, sous condition d'en payer la valeur fixée d'un commun accord ou à dire d'experts.

2

ART. 2. — L'État concède à la Compagnie, en échange des lignes désignées à l'article 1er, les lignes suivantes, qui feront désormais partie de ses concessions :

Angoulême à Limoges, avec embranchement sur Nontron ;
Bordeaux à la Sauve ;
Clermont à Tulle, avec embranchement sur Vendes ;
Limoges à Meymac ;
Limoges au Dorat ;
Orléans à Montargis ;
Périgueux à Ribérac ;
Saillat à Bussière-Galant ;
Saint-Nazaire au Croisic et à Guérande ;
Tours à Montluçon, avec embranchement sur Lavaud-Franche.

Ces lignes seront remises à la Compagnie sans matériel roulant ni approvisionnements.

. La Compagnie se charge de les munir du matériel et des approvisionnements nécessaires à leur exploitation. L'État, de son côté, aura à pourvoir aux travaux de parachèvement qui seront reconnus nécessaires et aux travaux à faire pour la réception de ces lignes dans les gares d'attache. Ces travaux seront exécutés par les soins de la Compagnie.

ART. 3. — Le Ministre des Travaux publics, au nom de l'État, concède à la Compagnie d'Orléans, qui les accepte, les Chemins de fer ci-après :

1° Concessions fermes.

Angers à la Flèche ;
Tournon à la Châtre ;
Auneau à la limite de Seine-et-Oise, vers Étampes ;
Aurillac à Saint-Denis-lès-Martel ;
Blois à Romorantin ;
Bourges à Gien et Argent à Beaune-la-Rolande ;
Cahors à Capdenac, avec embranchement sur Figeac ;
Châtellerault à Tournon-Saint-Martin ;
Civray au Blanc ;
Confolens à Excideuil ;
Issoudun à Saint-Florent ;
La Flèche à Saumur ;
Le Blanc à Argent ;
Limoges à Brive ;
Marmande à Angoulême ;
Mauriac à la ligne d'Aurillac à Saint-Denis-lès-Martel ;
Montauban à Brive ;

Montluçon à Eygurande;

Nontron à Sarlat, avec embranchement d'Hautefort au Burg-Allassac;

Poitiers au Blanc;

Port-de-Piles à Preuilly ;

Preuilly à Tournon-Saint-Martin;

Quimper à Douarnenez;

Quimper à Pont-l'Abbé;

Saint-Sébastien à Guéret;

Saint-Denis-lès-Martel au Buisson, avec embranchement sur Gourdon ;

Villeneuve-sur-Lot à Tonneins.

2° *Concessions éventuelles.*

De la limite de Seine-et-Oise, vers Auneau, à Etampes;

Laqueuille au Mont-Dore;

La Sauve à Eymet ;

Mauriac à Vendes.

La concession de ces lignes deviendra définitive par le fait de la déclaration de leur utilité publique.

La Compagnie d'Orléans s'engage, en outre, à accepter la Concession qui lui serait faite, par l'État, d'environ 400 kilomètres de Chemins de fer à désigner par l'Administration, la Compagnie entendue.

Toutes ces lignes seront exécutées en partie aux frais de l'État et en partie aux frais de la Compagnie, ainsi qu'il est expliqué à l'article 8 ci-après.

Art. 4. — Le Ministre des Travaux publics, au nom de l'État, fait abandon à la Compagnie d'Orléans des lignes de :

Aubusson à Felletin ;

Auray à Quiberon;

Concarneau à Rosporden ;

Questembert à Ploërmel;

Vieilleville à Bourganeuf.

Ces lignes seront livrées à la Compagnie sans matériel ni approvisionnements. La Compagnie se charge de les munir du matériel et des approvisionnements nécessaires à leur exploitation.

L'État, de son côté, aura à pourvoir aux travaux de parachèvement qui y seront reconnus nécessaires et aux dépenses à faire pour la réception de ces lignes dans les gares d'attache. Ces travaux seront exécutés par les soins de la Compagnie.

Art. 5. — Pour fixer le prix des lignes échangées en vertu des articles 1 et 2,

On relèvera pendant les cinq années d'exploitation qui suivront l'achèvement de la ligne de Tours à Montluçon et à Lavaud-Franche :

D'une part, les produits nets réalisés sur les lignes cédées par l'État ;

D'autre part, les produits nets réalisés pendant les mêmes années sur les lignes cédées par la Compagnie ;

Et l'on prendra la moyenne des produits réalisés sur chacune des lignes, pendant ces cinq années.

Si les lignes cédées par l'État donnent un produit net supérieur à celui des lignes qu'il aura reçues en échange, la Compagnie sera tenue de verser au Trésor, jusqu'à l'expiration de sa concession, une annuité égale à la différence des produits nets constatés. Cette annuité sera portée en dépenses dans le compte unique d'exploitation prévu à l'article 13.

Si la différence des produits nets est en faveur des lignes cédées par la Compagnie, l'annuité sera due par l'État à la Compagnie et portée en recette d'exploitation dans le compte prévu par le même article.

En aucun cas le produit net à porter en compte, pour chaque ligne, ne pourra être inférieur au produit de la dernière des cinq années prises pour terme de comparaison, ni au produit constaté en 1882 pour les lignes déjà ouvertes à cette époque.

Le compte des recettes et des dépenses d'exploitation de chaque ligne sera établi par l'Administration exploitante et justifié dans les formes prescrites par le décret du 6 mai 1863.

Jusqu'au 1ᵉʳ janvier de l'année à partir de laquelle commencera l'annuité, la Compagnie versera au Trésor, à la fin de chaque année, le produit net qu'elle aura réalisé sur les lignes reçues de l'État.

La Compagnie recevra jusqu'à la même époque le produit net des lignes cédées par elle à l'État.

Le produit net afférent à chaque ligne, dans cette période transitoire, ne pourra, en aucun cas, être compté pour une somme moindre que celle réalisée pendant l'année 1882.

Le trafic échangé entre Tours et Montluçon et leurs au-delà fera l'objet d'un compte commun, dont le produit net sera attribué par moitié à chacun des itinéraires concurrents.

Art. 6. — Pour toutes les lignes, objet de la présente Convention, la concession expirera comme pour les lignes composant le Réseau actuel de la Compagnie d'Orléans, le 31 décembre 1956.

Art. 7. — La dette contractée par la Compagnie envers l'État par suite des avances qu'elle a reçues à titre de garantie d'intérêt, est liquidée et arrêtée à la somme de deux cent cinq millions trois cent quatre-vingt-dix-huit mille huit cent quatre-vingt-un francs vingt-six centimes (205,398,881 fr. 26 c.), y compris les intérêts jusqu'au 1ᵉʳ janvier mil huit cent quatre-vingt-trois (1883).

Cette dette cessera de porter intérêt à partir du 1ᵉʳ janvier 1884. Elle sera remboursée en travaux, ainsi qu'il est dit à l'article 8 ci-après.

Art. 8. — La dépense de construction des lignes désignées à l'article 3 sera à la charge de l'État. Toutefois, la Compagnie y participera dans la mesure suivante :

1° Elle contribuera, jusqu'à concurrence de quarante millions (40,000,000 de fr.), aux dépenses restant à faire pour la construction de la ligne de Limoges à Montauban. Dans le cas où ces dépenses n'atteindraient pas quarante millions, le surplus sera versé par elle dans les caisses du Trésor dans un délai de six mois après l'ouverture complète de la ligne ;

2° Elle contribuera aux dépenses de superstructure des autres lignes, à raison de vingt-cinq mille francs (25,000 fr.) par kilomètre ;

3° Elle fournira de plus, à ses frais, le matériel roulant, le mobilier, l'outillage et les approvisionnements de toutes les lignes qui font l'objet dudit article 3.

La Compagnie exécutera, pour le compte de l'État et dans l'ordre qui lui sera indiqué par l'Administration supérieure, les travaux de toutes ces lignes, y compris ceux d'agrandissement et de modification des gares de jonction avec les lignes concédées à la Compagnie.

Cependant, sauf arrangement contraire, l'État terminera directement l'infrastructure des lignes ou sections de lignes dont il aura commencé les travaux, et il achèvera les sections dont il aura commencé la superstructure.

La Compagnie fera l'avance de tous les fonds nécessaires, tant pour les travaux qu'elle aura à exécuter au compte de l'État, que pour l'achèvement des lignes que l'État terminera directement, en vertu du paragraphe précédent. Dans le cas où le Gouvernement désirerait renoncer au bénéfice de cette disposition, il devrait en prévenir la Compagnie six mois au moins à l'avance.

Les dépenses à rembourser par l'État, comprenant les frais généraux, les frais de personnel et l'intérêt des capitaux pendant la construction, ne pourront, sauf des exceptions motivées par des circonstances de force majeure ou par le caractère aléatoire de certaines estimations, telles que : acquisitions de terrains, construction de souterrains; épuisements exceptionnels, consolidation et assainissement de tranchées ou de remblais, excéder les maxima qui seront fixés d'un commun accord entre l'État et la Compagnie, après approbation des projets d'exécution. Le Ministre se réserve, d'ailleurs, la faculté de faire exécuter les travaux par les ingénieurs de l'État dans le cas où il ne pourrait pas accepter les évaluations de la Compagnie.

En cas de désaccord, soit sur la fixation du maximum, soit sur les conséquences des exceptions ci-dessus désignées, il sera procédé par voie d'arbitrage, chaque partie désignant son arbitre et les deux arbitres choisissant, s'il est nécessaire, un tiers arbitre pour les départager. Dans le cas où ils ne pourraient pas se mettre d'accord sur le choix de ce troisième arbitre, celui-ci sera désigné par le Président du Tribunal civil de la Seine, à la requête de la partie la plus diligente.

Art. 9. — La Compagnie exécutera à ses frais, dans un délai de quatre ans,

3

les travaux de transformation du Chemin de fer de Paris à Sceaux et à Limours, pour le ramener à la voie ordinaire.

Art. 10. — Les dépenses à faire par la Compagnie pour le compte de l'État seront couvertes en premier lieu, par voie de compensation, avec les sommes dues par la Compagnie, en raison des avances qu'elle a reçues de l'État à titre de garantie d'intérêt, et pour le surplus par des avances que fera la Compagnie et dont elle sera remboursée comme il est dit à l'article 11 ci-après.

Art. 11. — La Compagnie sera remboursée par l'État, de ses avances, au moyen d'annuités représentant les charges des sommes dépensées par elle pour le compte de l'État, ces charges (intérêts, amortissement, timbre et frais divers) seront déterminées conformément aux dispositions de l'article 2 de la Convention du 15 juillet 1872.

Le chiffre de l'annuité sera arrêté, pour chaque exercice, d'après le prix moyen des négociations de l'ensemble des obligations émises par la Compagnie dans cet exercice. Ce prix sera établi, déduction faite de l'intérêt couru au jour de la vente des titres, et en tenant compte de tous droits à la charge de la Compagnie, dont ces titres sont ou seront frappés, et de tous les frais accessoires dont la Compagnie justifiera.

Les sommes dépensées dans le cours d'un exercice seront augmentées de six mois d'intérêt au taux effectif de l'emprunt, quelle que soit l'époque de l'année à laquelle auront été effectuées les dépenses.

Le montant de l'annuité, pour chaque exercice, sera réglé au 31 décembre, et la Compagnie aura droit, sans qu'il soit besoin pour elle d'en faire la demande, aux intérêts, au taux effectif de l'emprunt, du montant de l'annuité depuis le 1er janvier jusqu'au jour où elle lui aura été effectivement soldée.

En outre de cette annuité, l'État remboursera, chaque année, à la Compagnie, les frais du service des obligations émises par elle pour créer les ressources nécessaires à la construction des lignes concédées par la présente Convention. Ces frais seront abonnés à raison de 0 fr. 10 par obligation en circulation et par an.

Art. 12. — Les lignes désignées à l'article 3 seront exécutées dans les délais ci-dessous.

a). Dix-huit mois pour celles dont la Compagnie n'aura à faire que la super-structure après livraison régulière de l'infrastructure dans les conditions du cahier des charges supplémentaire du 26 juillet 1868.

b). Cinq ans pour celles dont la Compagnie exécutera l'infrastructure, ce délai courant à partir du jour de l'approbation de l'ensemble des plans parcellaires par le Ministre des Travaux publics.

La Compagnie devra produire tous les projets relatifs aux plans parcellaires dans un délai de quatre ans à partir du 1er janvier qui suivra la promulgation de la loi approuvant la présente Convention.

Ne sera pas compté dans la supputation du délai ci-dessus indiqué, le temps pendant lequel les divers projets que la Compagnie doit fournir pour chaque ligne resteront entre les mains de l'Administration.

Pour les lignes concédées à titre éventuel, le délai fixé ci-dessus ne courra qu'à partir de la date de la concession définitive.

La Compagnie ne pourra être tenue de livrer à l'exploitation, annuellement, plus de deux cent cinquante kilomètres (250 kilomètres).

Dans le cas où, par le fait de la Compagnie, les délais d'exécution fixés au présent article seraient dépassés pour une ou plusieurs lignes, la contribution imposée à la Compagnie par l'article 8 sera augmentée, pour ces lignes, de 5,000 francs par kilomètre et par année de retard. Ne seront pas comptés comme étant du fait de la Compagnie les retards qui seraient la conséquence des difficultés qu'elle éprouverait à réaliser les fonds nécessaires à l'exécution des travaux, à raison de la situation du marché financier dûment constatée par le Gouvernement.

ART. 13. — Les lignes concédées à la Compagnie, en vertu des articles 2, 3 et 4 de la présente Convention, celles qui constituent aujourd'hui l'Ancien et le Nouveau Réseau de la Compagnie, déduction faite des lignes énumérées à l'article 1er de la présente Convention, ainsi que le Réseau de la Sarthe, formeront un ensemble régi par le cahier des charges actuellement en vigueur et soumis, en outre, aux dispositions additionnelles contenues dans le cahier des charges annexé aux Conventions de 1875. Il n'y aura désormais, pour l'ensemble de ces lignes, qu'un compte unique de recettes et de dépenses d'exploitation.

Dans ces dernières, on comprendra, notamment, les sommes consacrées par la Compagnie à la constitution des retraites de ses employés, les versements aux caisses de prévoyance, les impôts, patentes et frais de contrôle, les indemnités relatives aux accidents, pertes, avaries et les dommages causés par les incendies, les subventions aux correspondances par voie de terre ou par voie d'eau, ainsi que les charges résultant des engagements de toute nature que la Compagnie pourra contracter avec l'assentiment du Ministre des Travaux publics vis-à-vis des concessionnaires de Chemins de fer reliés avec ces lignes ou en correspondance avec elles.

ART. 14. — Les dispositions des Conventions antérieures concernant la garantie d'intérêt à la charge de l'État et le partage des bénéfices, sont remplacées, à compter du 1er janvier 1884, par les dispositions suivantes :

La Compagnie ne pourra avoir recours à la garantie de l'État que dans le cas où le produit net, résultant du compte unique d'exploitation, dont il est parlé à l'article 13, serait insuffisant pour faire face aux affectations suivantes, savoir :

1° Les charges effectives (intérêts, amortissement et frais accessoires, déduction faite des annuités reçues de l'État, à titre de subventions) des sommes dépensées par la Compagnie ;

a) Pour le rachat, la construction et la mise en service des lignes constituant son

Ancien et son Nouveau Réseau actuels et des Chemins de la Sarthe, sous déduction du capital-actions;

b) — Pour l'exécution des engagements imposés à la Compagnie en vertu des articles 2, 4, 8 et 12 de la présente Convention;

c) — Pour les travaux complémentaires et de parachèvement exécutés à toute époque, à dater du 1er janvier 1883, sur l'ensemble du Réseau défini à l'article 13, avec l'approbation du Ministre des Travaux publics;

d) — Pour l'approvisionnement de l'ensemble des lignes exploitées, sans que l'importance de ces approvisionnements puisse excéder la somme de quarante millions (40,000,000 de francs);

2° L'intérêt et l'amortissement des sommes affectées par la Compagnie au remboursement de sa dette, aux termes de l'article 10;

3° L'intérêt et l'amortissement des actions, tels qu'ils sont réglés par l'article 52 des statuts;

4° Une somme de vingt-quatre millions six cent mille francs (24,600,000 fr.).

Les dépenses de premier établissement de l'Ancien Réseau de la Compagnie et des Chemins de la Sarthe, au 31 décembre 1882, déduction faite des subventions reçues en capital, sont arrêtées à forfait à la somme de 536,520,311 fr. 45, savoir :

Ancien Réseau, 519,257,447 fr. 13. Chemins de la Sarthe, 17,262,864 fr. 32.

Lorsque, par suite d'insuffisance du produit net, l'État aura fait des avances à la Compagnie, les excédents qui se produiront ultérieurement seront affectés exclusivement au remboursement de ses avances, avec intérêt simple à 4 0/0.

Ce remboursement étant effectué, si le produit net dépasse de neuf millions six cent mille francs (9,600,000 francs) la somme nécessaire pour faire face aux affectations ci-dessus indiquées, le surplus sera partagé dans la proportion de deux tiers pour l'État et d'un tiers pour la Compagnie.

Art. 15. — Sur chacune des lignes désignées aux articles 2, 3 et 4 de la présente Convention, le nombre de trains de chaque sens que l'Administration supérieure pourra exiger de la Compagnie sera fixé à raison de 1 par 3,000 francs de recette kilométrique locale, c'est-à-dire de recettes calculées d'après les produits des voyageurs et marchandises en provenance ou à destination d'une gare de cette ligne, sans toutefois que ce nombre puisse être inférieur à trois.

Aucune circulation de trains ne pourra être exigée sur ces lignes, entre dix heures du soir et six heures du matin, tant que la recette kilométrique locale n'aura pas atteint 15,000 francs par kilomètre, à moins que l'Administration ne prenne à sa charge les frais de l'organisation du service de nuit auxquels la circulation prescrite aura donné lieu.

Art. 16. — La Compagnie d'Orléans concède à l'Administration des Chemins de fer de l'État et à celles qui lui seraient substituées, la faculté d'établir jusqu'à Paris les tarifs des voyageurs et des marchandises en provenance ou en destination de son

Réseau, sans toutefois que le prix de chaque transport puisse être moindre que celui perçu par la Compagnie, pour le même transport, de la gare de jonction à Paris ou vice versâ.

Le prix total de ces transports de ou pour Paris sera partagé entre les deux Administrations exploitantes au prorata du nombre de kilomètres parcourus sur leurs Réseaux respectifs.

Le partage du trafic entre les lignes du Réseau d'État et celles de la Compagnie d'Orléans sera réglé sur les bases suivantes:

Le trafic des voyageurs et des marchandises sera attribué à l'itinéraire le plus court, en tenant compte, toutefois, des déclivités supérieures à 15 millimètres par mètre et de la transmission d'un Réseau à l'autre.

Il en sera de même pour les voyageurs et marchandises qui, ayant leur point de départ ou de destination sur le Réseau d'Orléans ou sur le Réseau d'État, pourraient, dans leur trajet, emprunter des voies étrangères.

La Compagnie d'Orléans s'interdit d'appliquer, sur un itinéraire quelconque, des arifs ayant pour effet de détourner le trafic de l'itinéraire auquel il aura été attribué en vertu de la règle ci-dessus.

Elle s'interdit en outre de subventionner directement ou indirectement des services de correspondance par terre ou par eau ayant pour effet de détourner le trafic des lignes auxquelles il devrait être attribué.

Le Ministre des Travaux publics, au nom de l'État, prend, de son côté, l'engagement de suivre les mêmes règles et de les imposer aux entreprises qui pourraient être ultérieurement substituées à l'Administration des Chemins de fer de l'État.

En cas de désaccord sur l'exécution des clauses du présent article, il sera statué au moyen d'un arbitrage constitué comme il est dit à l'article 8.

Art. 17. — Dans le cas où l'État supprimerait la surtaxe ajoutée par la loi du 16 septembre 1871 aux impôts de grande vitesse sur les Chemins de fer, la Compagnie s'engage à réduire les taxes applicables aux voyageurs à plein tarif, de 10 0/0 pour la 2ᵉ classe et de 20 0/0 pour la 3ᵉ classe, ou suivant toute autre formule équivalente arrêtée d'accord entre les parties contractantes.

En cas de rachat dans une période de cinq ans après cette réduction, on ajoutera au montant de l'annuité de rachat la perte résultant de cette mesure, en prenant pour base les recettes nettes des voyageurs de l'année qui aura précédé la réforme.

Si l'État fait ultérieurement de nouvelles réductions sur l'impôt, la Compagnie s'engage, en outre, à faire une réduction équivalente sur les taxes des voyageurs. Elle ne sera tenue, toutefois, à ce nouveau sacrifice, qu'après qu'elle aura retrouvé pour les voyageurs circulant sur le Réseau actuellement exploité, les recettes nettes acquises avant la première réduction.

La Compagnie ne serait pas tenue de maintenir cette réduction si l'État, après avoir réduit les impôts de grande vitesse, venait à les rétablir sous une forme quelconque, en totalité ou en partie.

Art. 18. — Jusqu'au 1ᵉʳ janvier qui suivra l'achèvement de l'ensemble des lignes désignées à l'article 3 de la présente Convention, les frais d'exploitation, les intérêts et l'amortissement des dépenses mises à la charge de la Compagnie, en vertu de l'article 8, seront payés au moyen des produits des sections de ces lignes qui seront successivement mises en exploitation. En cas d'insuffisance, la Compagnie aura la faculté de les porter au compte de premier établissement et ils donneront lieu au prélèvement prévu à l'article 14 de la présente Convention.

Art. 19. — Si le Gouvernement exerce le droit qui lui est réservé par l'article 37 du cahier des charges, de racheter la concession entière, la Compagnie pourra demander que toute ligne dont la mise en exploitation remonterait à moins de quinze ans soit évaluée non d'après son produit net, mais d'après le prix réel de premier établissement.

En outre de l'annuité et des remboursements prévus à l'article 37 du cahier des charges, la Compagnie aura droit au remboursement des dépenses complémentaires (autres que celles du matériel roulant remboursables en vertu de l'article 37 précité) exécutées par elle, à partir du 1ᵉʳ janvier 1884, avec l'approbation du Ministre des Travaux publics, sur toutes les lignes de son Réseau, sauf déduction d'un quinzième pour chaque année écoulée depuis la clôture de l'exercice dans lequel auront été effectuées les dépenses.

L'annuité à payer à la Compagnie, en vertu de l'article 37 du cahier des charges, ne pourra être inférieure à l'ensemble des sommes mentionnées aux paragraphes 1ᵉʳ, 2°, 3° et 4° de l'article 14 ci-dessus, déduction faite des charges d'intérêt et d'amortissement des sommes remboursées, en exécution de l'alinéa précédent du présent article.

Art. 20. — Pour toutes les lignes désignées aux articles 2, 3 et 4, la redevance que la Compagnie doit payer à l'État pour frais de visite, de surveillance, de réception des travaux et contrôle de l'exploitation, ne sera due par elle que pour les lignes en exploitation, et à partir du 1ᵉʳ janvier qui suivra l'ouverture de chaque ligne.

Art. 21. — La présente Convention sera enregistrée au droit fixe de trois francs (3 fr.).

Approuvé l'écriture :

Signé : ANDRAL.

Le Ministre des Travaux publics,
Signé : D. RAYNAL.

LETTRE

du Président du Conseil d'administration de la Compagnie d'Orléans

à Monsieur le Ministre des Travaux publics.

Paris, le 28 juin 1883.

Monsieur le Ministre,

Conformément au désir que vous avez bien voulu nous exprimer, nous avons l'honneur de vous faire connaître les bases sur lesquelles notre Compagnie s'engage à procéder à la réforme de ses tarifs, dès que la Convention qu'elle a passée avec vous à la date de ce jour aura été ratifiée par les pouvoirs publics.

1° En ce qui concerne la grande vitesse, la Compagnie s'est engagée, par l'art. 17 de la Convention, à réduire ses perceptions, pour les voyageurs à plein tarif, de 10 0/0 pour la 2ᵉ classe et de 20 0/0 pour la 3ᵉ classe, ou suivant toute autre formule équivalente, si, de son côté, l'État venait à supprimer l'impôt additionnel résultant de la loi du 16 septembre 1871. Il a été également stipulé que si l'État faisait de nouveaux dégrèvements de l'impôt de grande vitesse, la Compagnie ferait, de son côté, des réductions équivalentes sur les taxes des voyageurs.

Notre intention est de donner en outre une très large extension aux billets d'aller et retour. Nous sommes déjà entrés dans cette voie depuis quelques années, en étendant la faveur des billets réduits à un grand nombre de relations locales et à celles de toutes nos stations avec Paris. Nous comptons donner des facilités nouvelles aux voyages qui, par leur nature, sont susceptibles de se répéter, en allongeant les délais de validité des billets de retour de ou pour Paris et en favorisant, par des billets de cette nature, les relations de toutes les stations de notre réseau avec les principaux centres d'attraction ; cette extension sera opérée dans une mesure assez large pour donner l'avantage de billets de cette sorte à toutes les localités qui en ont fait la demande ;

2° Pour nos tarifs généraux de petite vitesse, nous adopterons la classification en six séries approuvée par décision ministérielle du 17 avril 1879, en appliquant à chacune de ces séries des barèmes kilométriques à bases décroissantes établis dans la forme des tarifs belges.

Dans un but d'uniformité, nous adopterons pour ces barèmes les bases déjà admises par les Compagnies de l'Est et de Lyon dans les propositions qui vous ont été soumises. Pour les cinq premières séries, les bases initiales seront donc respectivement de 16, 14, 12, 10 et 8 centimes, la base kilométrique décroissant ensuite de 1 centime par 200 kilomètres jusqu'à 500 kilomètres, et de 1 centime par 100 kilomètres au delà de 500 kilomètres jusqu'aux minima de 7, 6, 5, 4 et 3 centimes.

Pour la 6ᵉ série les bases seront les suivantes :

de 0 à 25 kilomètres. . . . . 0.08 par kilomètre.
par kilomètre au delà de 25 jusqu'à 100 kilomètres. . . . 0.04 —
— 100 — 300 — . . . . 0.035 —
— 300 kilomètres. . . . . 0.03 —

3° Nos tarifs spéciaux seront revisés et simplifiés au moyen de barèmes établis dans la forme des tarifs belges et applicables indistinctement à tous les parcours, quelle que soit leur direction ; à ces barèmes seront joints un certain nombre de prix fermes destinés surtout à maintenir l'avantage des tarifs existants pour les transports dont le barème aurait pour effet de relever le prix d'une manière sensible. A la date du 31 mai dernier, nous avons eu l'honneur de soumettre à votre homologation un nouveau tarif pour le transport des produits métallurgiques, établi dans cet ordre d'idées. Nous présenterons des propositions analogues pour les autres marchandises qui font l'objet de nos tarifs spéciaux. Ce remaniement comportera des abaissements de taxe importants pour les matières nécessaires à l'agriculture. Les fumiers, engrais communs et amendements feront l'objet d'un barème spécial à taxes extrêmement abaissées ;

4° En ce qui touche les tarifs qui ont pour objet l'importation en France des marchandises de provenance étrangère, nous sommes à la disposition de l'Administration pour modifier toute combinaison de prix dont l'effet pourrait être d'altérer les conditions économiques résultant de notre régime douanier, sous la seule réserve que les marchandises qu'ils visent ne soient pas importées en France à plus bas prix par d'autres voies de transport ;

5° En ce qui touche les tarifs de transit, nous estimons qu'en fait, il n'y a rien à changer aux dispositions fixées par les décrets des 26 avril 1862 et 1ᵉʳ août 1864. Grâce aux facilités qu'ils leur ont données pour leur permettre de lutter contre les chemins de fer étrangers, plus libres de leurs mouvements, les Compagnies françaises ont pu attirer sur leurs rails un trafic de transit d'une certaine importance. Personne, depuis vingt ans, ni le gouvernement, ni le commerce, ne nous a signalé qu'il y ait convenance à les établir sur d'autres bases. Si nonobstant, l'administration supérieure nous signalait l'utilité de mesures nouvelles, pour défendre et développer le mouvement auquel les ports et les chemins de fer français peuvent légitimement prétendre, nous n'hésitons pas à lui promettre tout notre concours ;

6° En ce qui touche les tarifs d'exportation, certaines réclamations se sont produites : on a demandé que les Compagnies assurent aux marchandises françaises un traitement égal, à des conditions égales, à celui qu'offrent les tarifs de transit aux marchandises étrangères. Sans discuter les détails de questions aussi complexes, nous admettons que l'administration supérieure pourra toujours nous demander que les tarifs de transit, communs avec d'autres Compagnies, soient en même temps des tarifs d'exportation, c'est-à-dire que les taxes totales fixées pour le transit s'appliquent aux expéditions faites sur l'étranger, par toutes les gares intermédiaires entre les deux gares d'entrée et de sortie et même par toutes les gares situées sur les embranchements de part et d'autre de l'itinéraire direct ci-dessus désigné, dans une zone de 50 kilomètres et dont la distance à la gare de sortie sera moindre que celle qui sépare les gares d'entrée et de sortie.

Dans tous les cas prévus aux paragraphes 4° et 6° l'affaire serait examinée par une Commission devant laquelle les Compagnies seraient entendues et représentées avec voix délibérative. Si la Commission se prononçait contre leur avis, une seconde délibération aurait lieu dans le délai minimum de deux mois.

Agréez, Monsieur le Ministre, l'hommage de mon respect.

LE PRÉSIDENT DU CONSEIL,

Signé : ANDRAL.

P.-S. — Dans un autre ordre d'idées et pour répondre à un désir que vous avez bien voulu nous exprimer au nom de M. le Ministre des Postes et Télégraphes, nous renoncerons à nous prévaloir de la limite fixée par l'article 56, § 9 de notre cahier des charges, pour le poids des wagons-poste, et admettrons à l'avenir que cette limite soit élevée de 8 à 10 tonnes.

Nous adhérons également aux projets de convention et d'arrêté qui nous ont été communiqués à la date du 13 mars dernier par M. le Ministre des Postes et Télégraphes, sous la réserve qu'une entente ultérieure interviendra entre l'administration des Télégraphes et la Compagnie, pour fixer les limites dans lesquelles nous devrons transporter gratuitement les poteaux destinés aux au-delà de notre réseau.

IMPRIMERIE CENTRALE DES CHEMINS DE FER. — IMPRIMERIE CHAIX. — RUE BERGÈRE, 20, PARIS. — 25303-3.

www.ingramcontent.com/pod-product-compliance
Lightning Source LLC
Chambersburg PA
CBHW050443210326
41520CB00019B/6049